L b. 440.

NÉCESSITÉ

D'UNE NOUVELLE

ORGANISATION EUROPÉENNE

EN HARMONIE

AVEC NOTRE RÉVOLUTION POPULAIRE,

OU

COUP D'OEIL SUR LA SITUATION

Et les Besoins de la **FRANCE** et de **L'EUROPE**,

Par J.-M. Giacobbi,

AVOCAT.

Prix : 60 Centimes.

PARIS,

CHEZ ROUANET, LIBRAIRE,

RUE VERDELET, N° 6;

ET CHEZ LES MARCHANDS DE NOUVEAUTÉS.

1831.

IMPRIMERIE DE CARPENTIER-MÉRICOURT,

RUE TRAINÉE, No 15, PRÈS SAINT-EUSTACHE.

NÉCESSITÉ

D'UNE NOUVELLE

ORGANISATION EUROPÉENNE.

LE dernier parjure de Charles X. a déchiré la capitulation infamante que les rois coalisés avaient imposée aux peuples. Le pouvoir absolu voulait étendre ses conquêtes sur la jeune France qui le bravait ; il osa montrer toute sa laideur dans les ordonnances de juillet, mais le pavé de Paris écrasa la dynastie décrépite et avilie des Bourbons. Le choc fit pâlir tous les tyrans, leurs trônes furent ébranlés. Il fallait profiter d'une victoire si éclatante : l'incapacité de nos hommes d'état a sauvé momentanément nos ennemis. Cependant de tout côté les peuples n'ont cessé de saluer avec enthousiasme les couleurs de notre délivrance, et de nous tendre amicalement la main en jurant de nous imiter. Par quelle fatalité inconcevable le Gouvernement *révolutionnaire* du Palais-Royal refuse-t-il de faire alliance avec les révolutionnaires des autres pays ? L'intérêt de la France l'exige de la manière la plus impérieuse.

Les signataires des traités de Vienne et de Paris n'ont nullement changé d'opinion à notre égard. Ils règnent par la légitimité et le droit divin, et nous les avons foulés aux pieds. Ils étaient les amis sincères et dévoués des Bourbons, et nous avons fait la révolution des *trois journées*. Il nous faut des alliances qui aient pour base le droit public que nous avons fondé sur la raison, la liberté et la justice. Les hommes éclairés ne veulent plus de maîtres, et le sort des nations ne doit plus être confondu avec celui de quelques familles. La civilisation a rapproché les peuples : les antipathies et les haines qui les divisaient ont cessé d'exister ; désormais ils voudraient ne former qu'une grande confédération en communauté de principes et de bien-être. Prêtons la main à ce grand œuvre, qui seul peut faire le bonheur de la société européenne. Sortons de notre apathie dégradante, soyons enfin la grande nation. Les stationnaires se montrent égoïstes, ignorans ou poltrons, en disant à l'appui de leur système désastreux et anti-français que « *Les rois étant puissans, nous devons les ménager : que l'Angleterre qui est notre amie se mettrait contre nous, si nous cessions de respecter les traités* (qu'on nous a imposés !) ; *qu'enfin notre commerce serait ruiné par la guerre.* » Jetons un coup d'œil sur ces argumens de la *doctrine* ;

nous verrons leur peu de valeur en présence des faits qui nous tracent une tout autre marche et plus sûre et plus digne de la France.

Les rois sont puissans.

Oui, de nombreuses armées sont aux ordres des rois; mais les peuples, que leur joug écrase, épient attentivement l'occasion favorable pour le briser à jamais. Soyons leur providence : donnons la force aux faibles, l'énergie aux indécis, le courage aux timides. Déclarons, sans déguisement, que nous voulons protéger nos amis, et que nous sommes prêts à recevoir dans nos bras nos frères. Si ce langage se trouvait dans la bouche de nos diplomates, les Belges qui ont su conquérir leur patrie sur la Sainte-Alliance, balanceraient-ils un instant à joindre leurs belles provinces aux nôtres ? Ils désirent autant que nous cette réunion *nécessaire ;* ils sentent que la position où ils se trouvent leur en fait un devoir et que leur bonheur en dépend. Quant à nous, cet accroissement de puissance nous rendrait invulnérables, et serait un coup de mort pour nos ennemis. La nature a fait de la Belgique une province de la France, la politique ne doit plus vouloir le contraire. Toutes les conventions, tous les traités qui feront un État séparé de cette fraction de l'empire français, ne sauraient être que provisoires. D'un autre côté, ne devons-nous pas à la justice et à l'honneur de délivrer nos anciens compatriotes, cédés à la Prusse? Quelle considération vient aussi nous arrêter sur ce point, et nous fait négliger nos véritables intérêts? Quelques politiques timides et pusillanimes peuvent être effrayés de la guerre, mais la partie saine et énergique de la population française sait fort bien qu'elle n'aurait rien de désastreux pour le pays. Les habitans de ces contrées, encore régies par nos lois, fraterniseraient avec nos soldats libérateurs, et chercheraient sous nos drapeaux leur liberté et leur patrie. Les libéraux prussiens s'empresseraient d'applaudir à nos triomphes, qui tourneraient également à leur avantage. Les tyrans seuls redoutent la puissance et le voisinage d'une nation libre et éclairée. Partout où nous avons des amis, sachons en tirer profit pour le succès de notre révolution populaire. L'héroïque Pologne a relevé sa tête majestueuse : son vieux étendard flotte à côté du nôtre. Parlons, et ses phalanges guerrières forment un rempart de bronze contre la Russie, la Vistule devient un gouffre pour les cosaques, et le sceptre moscovite se brise s'il ose frapper contre l'autel de la liberté polonaise alliée à la nôtre. Et ici l'énergie nous est commandée par la prudence: car, si nous abandonnons lâchement les Polonais, nos amis naturels, aux coups redoublés de leurs barbares oppresseurs, nous serons plus tard victimes de notre coupable égoïsme. Nous aurons à soutenir à nos portes la lutte que nous pourrions terminer ailleurs d'une manière plus avantageuse avec les ressources que nous offrent les partisans de nos principes.

Le principe de la *non-intervention*, que les rois n'observaient à notre égard qu'en dirigeant vers nos frontières toutes leurs forces disponibles, ne peut plus nous convenir en face des événemens qui se suivent avec une célérité étonnante. Il a été emporté par le torrent des révolutions belge et polonaise. Il n'y a plus de neutralité possible à garder dans le combat définitif que vont se livrer la liberté et le despotisme. Notre avant-garde est à Varsovie, le corps d'armée à Paris. Attendrons-nous que l'ennemi ait anéanti nos valeureux compagnons d'armes et qu'il vienne nous attaquer, pour nous ranger en bataille ? La jeunesse, la population entière de la France rougit d'une supposition pareille.

L'empire d'Autriche renferme des élémens par trop hétérogènes pour pouvoir nous inspirer aucune crainte. Il suffit de l'examiner de près pour se faire une juste idée de ses forces factices et de sa faiblesse réelle. Les armées de l'empereur François sont composées d'hommes de dix nations différentes et ennemies (1). Rappelons ces nations à la liberté et à l'indépendance, et elles se réuniront avec nous contre le despote qui les tyrannise et ne cesse de menacer notre belle patrie. Le royaume Lombardo-Vénitien seul renferme 6,000,000 d'ennemis de l'Autriche et de zélés partisans de notre révolution. L'Italie entière nous offre 22 millions d'amis dévoués, prêts à tout sacrifier pour notre cause et la leur (2). Profitons de si immenses avantages : réunissons les Italiens en nation, et ils feront bonne garde contre les Autrichiens qu'ils abhorrent. La France ne saurait, sans compromettre ses plus chers intérêts, refuser dans les circonstances actuelles de tendre une main secourable à l'Italie, pour l'aider à sortir de la malheureuse position où elle a au-

(1) L'empire d'Autriche se compose : 1° de l'Autriche qui a 9,500,000 habitans ; 2° de la Bohême qui en a 4,000,000 ; 3° de la Moravie qui en a 2,000,000 ; 4° de la Galicie qui en a 3,000,000 ; 5° de la Hongrie qui en a 8,000,000 ; 6° de la Transylvanie qui en a 2,000,000 ; 7° de la Dalmatie qui en a 500,000 ; 8° du royaume Lombardo-Vénitien qui en a 6,000,000 ; 9° de l'Illyrie qui en a 500,000 ; 10° des pays appelés *Frontières–Militaires* qui en ont 1,000,000.

(2) La population italienne est répartie ainsi : 1° le royaume Lombardo-Vénitien y compris le Tyrol italien et l'Illyrie italienne 6,000,000 d'âmes ; 2° le royaume de Sardaigne 4,000,000 ; 3° le duché de Parme et de Plaisance 460,000 ; 4° le duché de Modène et de Massa de Carrara 380,000 ; 5° le duché de Lucques 150,000 ; 6° le grand-duché de Toscane 1,400,000 ; 7° les États-Romains 2,600,000 ; 8° la république de San-Marino 6,800 ; 9° le royaume des Deux-Siciles 7,800,000. Total 22,796,000 âmes.

trefois aidé à la placer. Réunissons les membres
épars de ce colosse majestueux qui nous présente
le plus bel et le plus solide appui que nous puis-
sions jamais désirer; de cette manière nous frap-
pons au cœur notre plus cruel et implacable
ennemi. L'Italie et la France doivent être unies
de principes. Leurs positions géographiques,
leurs ressources de tout genre, le caractère et les
mœurs de leurs populations ne leur laissent aucun
sujet de jalousie fondée, et les portent à former
une alliance digne des deux premières nations du
monde. La délivrance de la péninsule italique
contribuerait puissamment à notre repos futur en
assurant le triomphe de la civilisation et de la liberté sur le despotisme et la barbarie. Vingt
mille Français et un drapeau tricolore suffi-
raient pour arracher l'Italie des mains de l'Autriche.

Notre politique doit considérer autre chose
que l'intérêt des rois. La révolution essentielle-
ment populaire de 1830 l'exige. C'est le moment
de satisfaire ce besoin d'une nouvelle organisation
européenne senti depuis long-temps par les
hommes éclairés de tous les pays.

Que la France reprenne ses frontières natu-
relles entre le Rhin, les Pyrénées et les Alpes,
que la réunion du Portugal à l'Espagne, sous un
gouvernement libre, s'opère par notre influence

et le bon sens des vrais patriotes de cette péninsule, que l'Italie surgisse de ses ruines, et l'unité fédérative de l'Allemagne ne tardera pas à se réaliser. La Pologne deviendra alors la France du Nord, et la Russie, réduite à ses véritables limites, ne menacera plus notre civilisation et nos libertés. De son côté, l'Angleterre n'apportera plus un immense poids dans la balance du monde et le machiavélisme de son aristocratie cessera d'infecter les cabinets et de préparer la ruine des nations. C'est à la France régénérée à renverser l'échafaudage vermoulu des congrès des rois. Tous ces systèmes fondés sur la barbarie et l'ignorance doivent être anéantis par notre révolution, qui sera alors vraiment glorieuse, parce qu'elle sera complète et qu'elle aura appelé tous les peuples à une existence heureuse.

L'Angleterre qui est notre amie se mettra contre nous, si nous agissons autrement que nous faisons.

Oui, l'Angleterre est notre amie, elle le sera toujours, elle est digne de l'être. Mais ce n'est pas cette Angleterre qui jusqu'à ce jour a forgé tant de traités contre nous, qui nous a fait une guerre à mort, qui négocie encore avec nos hommes d'État; enfin cette aristocratie exécrable qui dévore les ressources du peuple le plus industriel de la terre. La nation britannique est pour nous; elle sait nous apprécier, elle nous aime sincèrement; mais les 60,000 familles qui l'exploitent, abhorrent nos principes qui leur reprochent leur tyrannie et la menacent d'une mort inévitable. Le gouvernement anglais est une émanation de cette caste de vampires privilégiés : il est purement aristocratique, et il le sera tant que le peuple n'aura pas planté sur les ruines fumantes de la féodalité le drapeau de son émancipation et de sa dignité recouvrée. Les derniers changemens ministériels dont on a fait tant de bruit, comme ayant une couleur libérale, n'ont rien de rassurant pour nous. Le cabinet formé par lord Grey est aussi aristocratique que celui du duc de Wellington et, par cela même, ennemi juré de notre révolution. Il est bien plus redoutable pour notre cause, parce qu'étant *en apparence* libéral, il est un peu aimé du peuple, tandis que l'autre en était sincèrement détesté. Lord Grey est plus puissant que lord Wellington pour arrêter le développement de nos principes régénérateurs, pour paralyser l'influence salutaire que nous sommes appelés à exercer sur le monde civilisé. Il y est aussi intéressé que son prédécesseur. Il tient autant qu'aucun autre aristocrate à ses priviléges et à ses titres. Le fier *(proud)* et adroit *(cleaver)* lord Grey fera tous les sacrifices pour arrêter notre marche révolutionnaire qui effraie ses pareils. Il se dira notre ami pour surprendre nos secrets, il nous jettera constamment dans le dédale des négociations, il *boîtera* avec nos Protées politiques, il tâchera de se montrer partout avec nous, afin de nous rendre impuissans. C'est là le but de sa mission. Il y aurait folie de penser que lord Grey et ses confrères, *tous éminemment aristocrates,* favorisassent jamais les intérêts d'une démocratie quelconque. Chacun pour soi. *Nous ne pouvons sacrifier notre fortune et celles de nos familles au bien-étre des masses*, me dit un jour avec franchise lord D.....es avec qui je m'entretenais sur la misère et l'abrutissement du peuple et sur les richesses et le faste de l'aristocratie de la Grande-Bretagne. Aussi, si nous marchons dans les principes de la *grande semaine,* si nous montrons de l'énergie, la nation anglaise, saisie d'admiration, se proclamera hautement notre amie, notre alliée, et, pleine d'espérance et d'émulation généreuse, elle associera sa fortune à la nôtre, en suivant nos traces glorieuses. La joie qu'elle a éprouvée à l'occasion de la chute du tyran Charles X en est un signe frappant. Si au contraire nous sommes faibles, égoïstes, indécis, l'aristocratie britannique nous trainera à la remorque dans le gouffre où elle a englouti la liberté et l'existence de tant de peuples : ensuite, si la fausse amitié qu'elle nous professe nous jette enfin dans des embarras, elle n'épargnera aucun moyen, aucune perfidie pour nous donner le coup de grâce et assurer son propre triomphe. Les annales du demi-siècle où nous vivons nous représentent vingt fois les perfides négociateurs du cabinet de Saint-James signant le même jour des traités d'alliance avec un pays et préparant avec ses ennemis le renversement de ses institutions et de son gouvernement (1). Bravons les aristocrates des trois royaumes, et le peuple anglais sera notre véritable ami. Il commence à être éclairé sur le compte de ses oppresseurs, et il ne se laissera plus entraîner à nous faire ouvertement la guerre. Les négociations peuvent seules nous vaincre et le tromper. Le peuple de la Grande-Bretagne a les yeux fixés sur nous : il attend avec impatience le commencement de cette guerre de propagande qu'il croit inévitable pour le salut de notre révolution : il y voit son propre affranchissement et il la souhaite avec ardeur.

(1) Le jour même où lord Bentick signait un traité d'aillance offensive et défensive avec Murat (à qui il garantissait, au nom de son Gouvernement, le trône de Naples), afin de le détacher de la France, lord Wellesley formait un traité avec l'Autriche pour le rétablissement des Bourbons dans les Deux-Siciles.

Notre commerce serait anéanti par la guerre.

L'ignorance et l'incapacité seules ont le droit de s'exprimer d'une manière si absurde dans l'état où en sont les choses. Le commerce vit de confiance, prospère par les débouchés que lui ouvrent la liberté ou la faveur, mais il meurt dans l'incertitude et l'indifférence. L'équilibre dans lequel reposait l'Europe a été violemment rompu, il faut le reconstruire avant de pouvoir sortir du provisoire qui nous enveloppe de toute part. Le commerce ne saurait se relever que par un dénouement quelconque de la crise actuelle. Or, est-il permis d'en prévoir d'autre de possible pour la France que dans le triomphe des principes que professe la partie éclairée de sa population? La guerre, et seulement la guerre peut trancher le nœud gordien qui étrangle en ce moment le commerce. Que la guerre en faveur des droits populaires commence, et le mouvement qu'elle entraîne, ranime immédiatement la société entière et lui rend la gaîté qu'elle a perdue dans une pénible attente, l'avarice et l'égoïsme ouvrent la main aux douces émotions des mots de gloire et de patrie, et la consommation n'est plus arrêtée par la crainte. L'empire avait un commerce florissant, mais alors on ne se livrait guère à l'agiotage, et l'on rétribuait un peu moins les serviteurs de l'État. Chacun était fier de payer de sa personne. Et cette égalité, qui offrait un succès certain au véritable mérite, était à elle seule une source intarissable de prospérité pour le pays. La restauration, aux vues mesquines, devait tout dénaturer par son esprit féodal; mais pourtant favorisée par les circonstances, elle avait inspiré de la confiance au commerce, qui s'était enrichi au sein d'une paix profonde. Maintenant que le système de 1815 a été renversé, et que la victoire de juillet en a fondé un autre sur une base tout-à-fait différente, il faut consolider et achever ce nouvel édifice, sans quoi il ne saurait y avoir en France que misère et mécontentement d'un côté, et avarice et méfiance de l'autre. Dans une guerre de propagande qui retremperait notre caractère national, le commerce français trouverait infailliblement des débouchés immenses, parce qu'il aurait à approvisionner tous les peuples amis qu'affranchiraient nos armes victorieuses. Cette guerre est nécessaire, inévitable pour le triomphe de notre révolution populaire, parce que nous ne pouvons rester sous les armes, environnés d'ennemis irréconciliables, et bloqués par un million de soldats. Or, doit-on croire que ce sera en différant d'entreprendre cette guerre salutaire qu'on soutiendra le commerce, qui penche vers sa ruine? Il périra de langueur, pendant que nos ambitieux *sauveurs* grossiront leurs fortunes par les émolumens énormes qu'ils se sont complaisamment adjugés sur leur propre témoignage d'aptitude à tout faire. Le sommeil de leurs négociations déplorables répandra la torpeur sur toutes les entreprises commerciales. Les pusillanimes phraseurs des centres seront les bourreaux de l'industrie de leur pays, comme ils le sont de la liberté que nous avons conquise malgré eux. Qui oserait, en effet, entreprendre quelque chose de sérieux, une expédition lointaine, tant que le Gouvernement ne fera que tâtonner, n'adoptera aucun plan définitif de conduite libérale, et que les représentans de la nation, redoutant leurs concitoyens, ne s'occuperont que d'intérêts personnels, de priviléges et de lois d'exception ? Enfin, tant que la France régénérée n'aura pas formé à l'étranger des alliances dignes d'elle ? Ce serait absurde de se comporter autrement. Chacun se traînera tant qu'il pourra; puis viendra la catastrophe, et elle sera générale et terrible. Il n'y a qu'une guerre de propagande qui puisse remédier aux maux qui pèsent sur notre patrie et sur l'Europe entière dont elle est l'âme mouvante. Tous les peuples ont confiance en nous, fils aînés de la civilisation européenne, tromperons-nous leurs espérances en nuisant à nos plus chers intérêts? Le Gouvernement se rend indigne du pays, s'il ne remplit pas les vœux de la majorité de ses habitans. Qui l'ignore? L'immense majorité de la population française connaît sa position, et elle veut la guerre contre les rois de la légitimité *divine*, ennemis éternels de ses libertés et de sa gloire, et alliés naturels et complices de ses oppresseurs. Nous avons aussi des comptes à régler avec les coalisés que la trahison fit triompher à Waterloo. La guerre est devenue un besoin pour la France, mais ce sera la dernière qu'elle aura à soutenir en faveur des principes de la civilisation et de la cause des peuples. La fin du vieux monde politique est arrivée. Déclarons hautement que tout homme qui refuse de faire partie du peuple, que tout roi qui persiste à se croire autre chose qu'un magistrat chargé de faire exécuter les lois du peuple, est ennemi de notre révolution, et que nous devons le mettre hors d'état de la combattre. Il n'y a ni paix, ni amitié possible entre les hommes à priviléges, quels qu'ils soient, et les vainqueurs des barricades.

————

CONCLUSION.

La révolution de juillet était forte de jeunesse, riche de patriotisme, désintéressée, confiante et généreuse. Elle aurait marché droit et sans relâche au triomphe qui devait la rendre toute puissante et immortelle. Les hommes qui se sont présentés pour lui servir de guides, l'ont pour la plupart méconnue, et, aussi ineptes qu'égoïstes, ils l'égarent chaque jour à travers les obstacles qu'ils laissent naître autour d'elle. Mais les patriotes qu'on a su tromper pendant quelque temps ne se sont nullement endormis. Ils suivent au contraire d'un œil vigilant et scrutateur les mouvemens convulsifs de ces nains politiques que l'ambition a poussés à se charger de fardeaux qui les écrasent. La main qu'un portefeuille aurait fatiguée, peut-être, sous le règne du *droit divin* des Bourbons, ne saurait tenir le timon des affaires d'un pays régénéré et libre. Il faudrait du génie : le patriotisme pur et désintéressé peut seul remplir une si vaste tâche. Que le pouvoir se pénètre enfin de sa position ; qu'il sache qu'il n'aura jamais de force qu'en s'appuyant sur la jeune France. S'il reste isolé sa chute est inévitable et prochaine.

Liberté *et* égalité, tel fut le cri victorieux

de la grande semaine, et il n'y en eut point d'autre.

Que tous les Français jouissent donc des droits qu'ils ont conquis au prix de leur sang; qu'ils prennent tous part à la nomination des mandataires du pays (1);

Que les distinctions et les priviléges de naissance cessent d'insulter au vrai mérite;

Que quelques aristocrates ne puissent plus opposer leur caprice à la volonté nationale et en paralyser les effets ;

Que la responsabilité ministérielle soit telle qu'il n'y ait plus de *veto*, qui équivaut toujours au pouvoir absolu, et qui ne peut se concilier avec la souveraineté du peuple;

Que le talent sans fortune ne soit plus avili et frappé d'anathème par des lois absurdes;

Que les charges n'écrasent plus les pauvres pour aller grossir le patrimoine des riches;

Que les fonctionnaires publics ne trouvent dans les traitemens qu'une rétribution honnête, et jamais une source de richesse;

Qu'aucun impôt n'atteigne les objets de première nécessité, et que tout porte sur le luxe;

(1) Quelle idée faut-il avoir de nos franchises électorales, tant que des hommes tels que l'auteur du *Contrat social* et notre immortel Beranger ne pourront être députés ni figurer parmi les électeurs? la libéralité de la nouvelle loi laisse les choses dans cet état.

Qu'on forme des alliances avec les peuples qui adoptent nos principes; et qu'on leur prête secours contre leurs oppresseurs;

Qu'on parle aux rois un langage digne de la grande nation;

Enfin, que la France ne s'arrête plus en-deçà des frontières que lui a tracées la nature et qu'avait reconnues le génie de Napoléon à l'âme toute française.

Voilà ce que doit exécuter un Gouvernement qui veut hériter purement et simplement de la glorieuse révolution de juillet. Ce sont les vues des patriotes actifs, des vrais libéraux, des républicains qui ne cesseront de combattre que lorsqu'elles seront complètement réalisées pour le bonheur de la France et de l'Europe entière.

FIN.

www.ingramcontent.com/pod-product-compliance
Lightning Source LLC
Chambersburg PA
CBHW061456050726
47593CB00004B/1639